AF246674

SIMPLES NOTIONS
D'ÉCONOMIE
GOUVERNEMENTALE

République. — Monarchie de droit divin.
Légitimisme. - Monarchie de droit humain. - Orléanisme.
, Bonapartisme. — Du Libéralisme

PAR M. BOURDONNÉ,

Membre de plusieurs Sociétés savantes,
Auteur de simples notions : d'Economie domestique,
d'Economie sociale, d'Economie politique, etc., etc.

> Un peuple n'a jamais que le gouvernement
> qu'il mérite.   (***)
> Avant de descendre dans la tombe,
> que je vole ma patrie tranquille et florissante.
>   (Xénophon)

PARIS
Librairie d'Ernest Thorin, rue de Médecis, 7.
1871

AVANT-PROPOS.

Quand tout le monde s'occupe de politique, ce qui paraît fort raisonnable au reste puisque l'Etat est une vaste association dans laquelle chacun apporte sa personne et ses biens, est-il opportun de mettre sous les yeux du public quelques-unes des pièces du procès engagé depuis si longtemps entre la République et la Monarchie ?

Nous le pensons, et obéissant à la maxime :« Fais ce que tu dois, advienne que pourra » ; nous écrivons *Simples notions d'Economie gouvernementale.*

Valence, juin 1871.

SIMPLES NOTIONS

D'ÉCONOMIE GOUVERNEMENTALE

INTRODUCTION.

Libéralis. — J'admire la parfaite courtoisie avec laquelle vous émettez vos opinions, que vous dédaigneriez de faire valoir par des personnalités, par un ton tranchant, des éclats de voix ou des airs de matamore que ne comporterait pas d'ailleurs votre éducation distinguée.

Orléanus, — Ne savons-nous pas que la suffisance décèle la médiocrité, que les efforts de poumons assourdissent plus qu'ils ne convainquent, et que la conversation ne doit tourner ni aux discours ni aux sermons, sous peine de nous faire entendre un éternel bavard accaparant la parole au préjudice et au mécontentement de l'auditoire?

Libéralis. — Et puis pour nous la forme de gouvernement n'étant qu'un moyen, non un but, nous sommes toujours prêts aux concessions secondaires qui ne compromettent pas notre idéal commun: le bonheur du pays.

Légitimus.—Disons encore que si dans chaque parti il se trouve des individus qui ne poursuivent que leur avantage privé dans le triomphe d'une doctrine, on compte en plus grand nombre des hommes qui désirent ce triomphe pour l'avantage de la société. Ce sont les honnêtes gens, et nous nous flattons d'être de ceux-là.

Républicanus — Je suis d'avis que nous expliquions et motivions nos préférences. On examinera le pour et le contre des systèmes proposés, et Libéralis résumera.

Libéralis — Je demande que l'on parle dans l'ordre suivant: Républicanus, Légitimus, Orléanus, Bonapartus, et votre serviteur, puisque telle est votre intention. *Tous.* — Adopté.

République

Républicanus — Suivrai-je la méthode d'argumentation de certains orateurs, qui débutent par déverser le blâme sur leur adversaire, et définirai-je la monarchie : la confiscation au profit d'un seul de la puissance de tous ? Non. D'abord pour ne pas blesser l'opinion qui m'est contraire, puis parce que je ne méconnais pas les bienfaits de cette institution, et enfin parce que la supériorité de la république sur la monarchie me paraît tellement évidente, qu'il suffit de la montrer pour y convertir tout homme de bonne foi.

Est-il un gouvernement plus ancien, plus digne, plus noble que celui par lequel les hommes se conduisent eux-mêmes ?

Quand les premières tribus se furent associées en peuplades, les chefs s'assemblèrent pour délibérer sur les affaires de la communauté, et confièrent à un ou à plusieurs, mais temporairement et sous contrôle, la gestion de ces mêmes affaires. La république a donc pour elle la consécration des âges.

Par ce gouvernement, la nation est son propre guide, et indubitablement ce mode d'administration a plus de dignité que celui qui consiste à s'abandonner à la direction d'autrui.

Enfin on ne contestera pas que le régime républicain ne soit une preuve de l'élévation d'esprit, de la fermeté de caractère , de la sévérité de mœurs, de la générosité de cœur de ceux qui savent le fonder et le conserver. Donc il est aussi le plus noble.

Eh quoi ! Sommes-nous des enfants qui ne peuvent marcher sans lisières ? Sommes-nous des esclaves pour que le bâton à la main, car le sceptre n'est autre chose que l'antique bâton, un maître nous impose ses volontés ? Non, nous sommes des hommes qui par nos pères et par nous-mêmes avons fait assez de sacrifices à la liberté pour être en droit de la posséder.

Il est entendu que je n'aime qu'une république qui se fait aimer parce qu'elle respecte : les croyances, les opinions, les personnes ; la propriété : agricole, mobilière, financière, industrielle, commerciale, artistique, scientifique ou littéraire, et la liberté de la presse, périodique ou non, qui ne signale les infractions au pacte social, n'instruit les populations de leurs droits et de leurs devoirs, ne protége les intérêts généraux qu'autant que réglée par des lois équitables, elle ne relève que d'un jury éclairé et indépendant.

Agissons donc en hommes en déléguant notre puissance législative et exécutive aux plus sages. Et comme, pour quelque sages qu'ils soient, les hommes ne sont que des hommes, c'est-à-dire des êtres sujets à l'erreur, divisons le pouvoir entre plusieurs, et que l'exercice n'en soit que temporaire, de façon que nous puissions toujours le continuer ou le retirer légalement et paisiblement selon le bon ou le mauvais usage qu'on en aura fait.

Andorre, l'Helvétie, les États-Unis s'applaudissent de la république; la France serait-elle moins soucieuse de son honneur, moins habile, moins vertueuse que le Val andorran, la Suisse ou l'Amérique du Nord?

Monarchie de droit divin

Légitimus. — Nous avons pour dogme que la royauté vient de Dieu, qui la donne à qui il lui plaît, comme autrefois à Saül et à David chez les Israëlites, et qui la transmet du père au fils, comme elle passa de David à Salomon, de Salomon à Roboam, de Roboam à Abiam, etc. Double principe, qui plaçant le pouvoir et sa transmission au-dessus de l'atteinte des hommes, empêche toute compétition au trône et assure au pays une quiétude qu'il chercherait vainement dans d'autres combinaisons.

On nous accuse de soutenir que le roi de droit divin est nécessairement absolu. Nous nions la conséquence. Est sacré et inattaquable le droit, et non l'exercice du droit, susceptible de modifications.

Si du domaine des abstractions nous descendions à celui des faits, l'Histoire témoignerait que la France n'a jamais été plus puissante que sous ses rois, qui l'ont agrandie au point d'en faire la première nation de l'Europe !

Monarchie de droit humain

Orléanus. — Soit. Mais comme on l'a dit :
« Que sont dans leurs succès les peuples conquérants?
Des sujets moins heureux sous des rois plus puissants. »
Cessez donc de chanter « des *te Deum* de rois, qui sont les *De profundis* des peuples. »
Le droit divin, que l'on vient de préconiser, conservateur tant qu'il a été le Credo des masses acceptant les rois comme la monnaie de Dieu, de même que les Assyriens et les Péruviens voyaient dans les leurs les *Fils du Soleil*, s'est abîmé sous les démentis de Rome, sous les arquebusades de Charles IX, sous les débauches de Henri III, sous les dragonnades de Louis XIV, sous

les turpitudes de Louis XV et de la Du Barry. Ce n'est plus qu'une chimère.

La distinction entre la divinité *indiscutable* du droit et la divinité *discutable* de son exercice paraît trop subtile.

Ceux qui partent de l'adoration du droit pour aboutir à l'adoration, au fétichisme de l'exercice de ce droit, comme ce gentilhomme d'abjecte mémoire, sollicitant pour sa fille *l'honneur du Parc-aux-Cerfs*, n'ont-ils pas au moins pour eux la logique de leur illogicité ?

Au règne de l'indiscutable mystérieux a succédé l'empire plus rationnel du discuté démontré juste, bon et utile, et le droit divin dans la désignation des rois a été remplacé par le droit humain, consentement de l'homme à son gouvernement.

Je n'examine pas ici lequel des deux est le meilleur philosophiquement parlant, je me contente de demander lequel est le plus conforme à l'opinion publique, en définitive Reine du monde. La presque unanimité de mes concitoyens répond: le droit humain, et j'en conclus qu'il doit être la loi fondamentale de mon pays.

Orléanisme

L'Orléanisme est l'application du droit humain, qui, admettant l'antériorité et la supériorité du peuple sur le roi, permet au premier: d'adopter la forme constitutionnelle qu'il estime lui convenir le mieux, de traiter de puissance à puissance avec son roi futur, en d'autres termes de stipuler à quelles conditions il l'investit de la magistrature suprême, et enfin, comme les fueros d'Aragon, de lui dire: « Sinon, non ! »

On objecte que l'hérédité au trône n'offre pas de garantie sous une telle monarchie, parce que la mobile volonté du peuple peut anéantir aujourd'hui ce qu'elle a créé hier; mais il a déjà été répondu qu'on ne fait pas toujours ce que l'on peut faire. De ce que j'ai le droit d'abattre ma maison, il ne s'en suit pas que je la démolirai nécessairement. De ce que la souveraineté populaire n'oblige pas d'une manière irrévocable les générations à venir, il ne suit nullement que ces générations ne reconnaîtront pas l'hérédité, surtout quand une saine appréciation des choses leur aura fait comprendre ce qu'elle est en réalité : d'abord pour le prince un motif de ne pas se jouer de l'affection des peuples, ensuite pour les peuples, une mesure qui, comme l'inamovibilité des juges, a pour objet, non un privilége du pouvoir, mais l'intérêt bien entendu du pays.

Bonapartisme

Bonapartus. — L'empire napoléonien avait donc pour lui le droit moderne, puisqu'il était issu de la volonté nationale. D'où vient qu'il a cessé d'exister avant que la nation n'eût prononcé sa déchéance ? Serait-ce encore une de nos étourderies, semblable à celle que nous avons commise en renversant Charles X et Louis-Philippe, l'un et l'autre cependant déclarés irresponsables?

Republicanus. — Napoléon III avait été acclamé, non par sympathie personnelle, ni en récompense de services qu'il n'avait pas encore rendus, mais dans l'espérance de ceux qu'il rendrait comme régénérateur de l'ordre public alors profondément troublé. Telle fut la signification exacte de son élévation.

Un contrat fut passé entre la nation et lui. Celle-ci lui déléguait à temps un pouvoir extraordinaire qui semblait urgent, et, comme gage anticipé de reconnaissance, un pouvoir ordinaire, suffisant pour diriger et non pour opprimer. On a toujours tort de payer d'avance. Lui, abusant de notre imprudente confiance, perpétua la dictature, la fit tourner à notre détriment, puis, à l'opposé de ce personnage de 48, qui prétendait qu'avec le désordre il faisait de l'ordre, avec l'ordre qu'on l'avait aidé à rétablir, il fit du désordre en nous lançant dans une guerre qui, quelle qu'en fut l'issue, ne pouvait qu'être funeste à nos libertés intérieures.[1]

Il avait donc violé le contrat qui l'unissait à nous, et le peuple désavouant un mandataire tant de fois infidèle, recouvrait la plénitude de sa souveraineté.

Libéralisme

Libéralis.—Mon nom vous dit assez, Messieurs, qu'à l'exception du despotisme et de la démagogie, non pas formes, mais négations de gouvernement, je me montrerai de très-facile composition pour tout système qui sera aussi libéral que le permettent les lieux, les temps, les hommes, c'est-à-dire les vrais besoins des peuples, le degré d'avancement ou de retard des esprits, l'austérité ou le relâchement des mœurs.

Je n'accorde à qui que ce soit d'être plus royaliste que le roi. Quand un peuple veut être en république ou en monarchie, qui

---

[1] En effet, ou cette guerre traînerait en longueurs, ou elle se terminerait promptement par nos revers ou nos succès. Dans le premier cas, tout aux alternatives de la lutte, on eût laissé au chef de l'Etat son pouvoir exorbitant; dans le second, il lui était nécessaire pour soulever contre l'ennemi les forces vives du pays ; dans le troisième, qui aurait tenté d'arracher la dictature des mains d'un César couronné par la victoire ?

serait assez osé pour y mettre obstacle ? Et si j'ajoute que chacun de ces régimes est susceptible du plus ou du moins de liberté, car il fut des républiques tyranniques, n'aurait-on à citer que celle de Venise, comme il est des monarchies libérales, telles que l'Angleterre et la Belgique, on concevra que je n'attache qu'une médiocre importance au mot, pourvu que nous ayons la chose : la liberté, bien précieux sans lequel aucun autre n'est assuré et avec lequel tous peuvent être pacifiquement obtenus.

Selon votre désir, j'arrive au résumé de nos entretiens.

Résumé critique

Republicanus nous a fait un séduisant tableau des avantages du gouvernement de tous, mais il a oublié de noter que pour être viable, la République exige de mâles vertus qui ne se rencontrent pas aisément chez un peuple énervé, immolant à l'abrutissant sensualisme les nobles passions de l'âme.

Oui, en soi, une République sage et modérée est une admirable institution, mais c'est un bienfait des dieux qu'il faut avoir mérité, et nous, courbés sous le poids des chaînes forgées et rivées par nos mille et un besoins matériels, pouvons-nous nous élever jusqu'à elle? Certes, la République est digne d'un peuple généreux, brave et enflammé de l'amour de la patrie, mais sommes-nous dignes de la République? Là est la question.

Légitimus s'extasie sur la stabilité de la royauté de droit divin et sur le calme qui en résulte. On lui a déjà fait observer que la valeur d'une théorie se mesure à l'application, et du moment que, par des motifs dont je n'ai pas à me préoccuper, l'opinion publique proteste contre le droit divin, cet antique système n'est plus qu'un souvenir d'archéologie.[1]

..... Messieurs, j'avais déjà aperçu quelques signes d'improbation quand j'exprimais des doutes sur notre capacité républicaine, et voilà qu'on semble infirmer mon assertion relative à la légitimité. Si vous doutez de la justesse de ce que j'avance, consultez les masses, sans le libre acquiescement desquelles je vous défie de rien fonder de durable.

Je ne veux ni les déprécier ni les surfaire, je veux dire la vérité. Je conviens que comme les enfants, comme la plupart des femmes, comme tous les individus incomplètement éclairés et réflé-

---

[1] Quelques monarchistes songent à la fusion des deux branches, que d'autres repoussent, parce que les droits des Bourbons d'Espagne primeraient ceux de la maison d'Orléans. Philippe V n'avait-il pas abandonné, par le traité d'Utrecht, toute prétention à la couronne de France ? — Comment donc aurait-il transmis à sa descendance des droits auxquels il avait formellement renoncé ?

Le comte de Chambord, adoptant le comte de Paris, obtiendrait, dit-on en retour l'appui de l'orléanisme pour monter sur le trône, mais à ce jeu, l'orléanisme risquerait de voir le libéralisme se séparer de lui pour se rapprocher encore du républicanisme modéré, et alors que deviendrait le rêve ?

chissant peu, impressionnables, elles sentent plus qu'elles ne raisonnent, mais il faut les prendre telles qu'elles sont, et savoir que pour elles légitimisme est synonyme d'inquisition, de vassalité, de droits du seigneur, de dîmes, et que républicanisme se traduit par réquisition, maximum, assignats, guillotine; ce qui explique que si vous leur proposez Henri V ou le bonnet phrygien, elles vous répondront carrément : non !

Orléanus a reconnu le droit humain; il a le sens des aspirations modernes, mais non dans toute leur étendue. Si au lieu du chiffre de contributions invariablement fixé qui, de 1830 à 1848, assurait la primauté à la fortune, et qui malheureusement augmenta la soif de l'or chez les hommes de l'époque, on eût conconsenti à l'abaissement graduel de la somme exigée pour parvenir à l'électorat, le niveau de l'éducation populaire s'élevant en même temps que se serait abaissé l'impôt politique, on eût passé sans secousse de la fiction du pays légal avec ses trois cent mille censitaires au pays vrai, avec ses millions d'électeurs, et l'on nous eût épargné deux révolutions.

Bonapartus fait valoir que le régime impérial avait pour base le suffrage universel ; d'accord, mais il avait pour instrument le despotisme, et c'est ce qui l'a tué.

On s'étonne que depuis 89 nous ayons usé près d'une douzaine de constitutions. Cela indique tout simplement que nous n'avons pas trouvé notre voie dès les premières tentatives ; que nous avons traversé une douloureuse période d'essais, trop longue pour la vie si courte d'une génération, mais dont la durée perd de son importance dans la vie d'un peuple. Que sera-ce dans notre histoire que 80 ans consacrés à la recherche d'un bon gouvernement, si nous parvenons à le découvrir ?

L'Angleterre n'est arrivée à cette stabilité et à cette prospérité que nous lui envions, qu'au travers de luttes violentes contre la dynastie des Stuarts (1603-1689), c'est à dire après les troubles du règne de Jacques 1er, la mort tragique de l'infortuné Charles, le sombre républicanisme de Cromwel, les dilapidations de Charles II, et le bigotisme de son successeur, « pauvre homme, qui perdit trois royaumes pour une messe ! »

Prenant texte du manque de solidité de nos institutions, les partis demandent : celui-ci, que l'on revienne au régime du bon plaisir ; celui-là, qu'on se rallie à une monarchie constitutionnelle, prudente conciliation entre les opinions modérées ; un troisième, que nous obéissions au sabre ; un quatrième, que nous nous gouvernions nous-mêmes.

Le bon plaisir, fût-il aussi bon qu'il est mauvais en dépit de son nom, ne peut être ressuscité chez nous, car si quelque Epiménide l'appelle, tout le monde le répudie.

On prétend qu'un de nos académiciens, fourvoyé un jour dans le quartier des halles, eut le malheur de déranger par inadvertance quelque chose à l'étalage d'une marchande de poissons, qui l'inonda d'épithètes étranges pour lui. Notre savant, tout ahuri, ne trouva à lui répondre que : « Et vous, Madame, vous êtes, . . . vous êtes. . . vous êtes une CATACHRÈSE ! ! ! ; ce qui, assure-t-on, redoubla la fureur de la mégère.

Nous ne dirons pas à M. Légitimus qu'il est une catachrèse, mais nous serions tenté de lui répondre qu'il est un *anachronisme*.

Une monarchie tempérée aurait de grandes chances, mais sans attribution du droit de guerre et de paix[1] expressément réservé au pays, et avec le maintien du suffrage universel amélioré[2].

Les amateurs de procédés draconiens, qui pensent comme les Anciens : « que les Gaulois joignent à leur vivacité naturelle beaucoup d'imprudence et d'ostentation.[3] » — « Que les factions les divisent dans les villes, dans les bourgs, dans les campagnes et jusque dans les familles.[4] » — « Qu'ils sont une nation folle,[5] » de leur haute autorité n'hésitent pas à nous déclarer *ingouvernables*... ! D'où leur faible pour le sabre.

---

[1] Les rois ont trop souvent fait la guerre par vanité, par orgueil, par ambition, par népotisme, pour que les peuples, qui en font seuls les frais, ne soient pas seuls juges d'une si horrible nécessité.

Qu'on nous accorde de reproduire ici ce que nous avons écrit ailleurs* à la même occasion.

« Il faut que l'Assemblée législative, qui déjà décide de l'impôt et du contingent, soit investie du droit de déclarer la guerre.

« Quoi ! le vote de l'impôt entraîne la détermination précise de son emploi, et le vote du contingent militaire n'aurait pas la même conséquence ? Les écus sont-ils plus précieux que les hommes ?

« On objecte qu'en définitive le pouvoir législatif dispose de ce droit puisqu'il peut refuser et soldats et subsides, mais il est d'expérience que maintes fois nos Assemblées ont dû, pour sauvegarder l'honneur du drapeau ou dégager des armées follement aventurées, consentir à la continuation de guerres entreprises contre le vœu général. Donc il importe que le terrible droit de guerre appartienne aux Élus de ceux dont il fait couler le sang.

[2] « Ce suffrage, qu'on est étonné de voir conféré à des jeunes gens de 21 ans, quand la loi ne les déclare complètement majeurs qu'à 25** ; pour lequel on aurait pu exiger que l'électeur payât au minimum sa cote personnelle, car nul n'a voix délibérative dans une société quelconque s'il n'en supporte une partie des charges, et qui pour être exercé avec discernement, était fondé à réclamer que l'électeur sût lire et écrire, » *** par le même motif ne devrait-il pas imposer une résidence de deux ou trois ans, par exemple, dans la commune tant pour les élections municipales, que pour les élections départementales ou à la Chambre des députés, afin que les données acquises sur les candidats pendant cet espace de temps permissent de voter en connaissance de cause ?

Actualités politiques, p. 7. — ** Il faut cet âge aux Etats-Unis pour être électeur. — *** *Simples notions d'Economie politique,* p. 5.

En Suisse, nul n'exerce ses droits de citoyen s'il ne justifie d'un certain degré d'instruction.

[3] Strabon. — [4] César. — [5] Callimaque.

Eh ! Messieurs, quand le cheval renverse son cavalier, la maladresse de l'écuyer n'est-elle pour rien dans l'accident ?

Nous gouverner nous-mêmes trancherait le nœud gordien ; — oui, si nous étions tous de petits Alexandres.

Je regrette que nos publicistes ne considèrent les systèmes politiques qu'absolument, c'est-à-dire en eux-mêmes, au lieu de les envisager relativement, c'est-à-dire en les mettant en rapport avec les mœurs, les tendances, les besoins des peuples.

Que m'importe un habit de la coupe la plus élégante s'il n'est pas à ma taille.

Il en est de même pour la forme gouvernementale. Aussi l'homme d'Etat doit-il répondre à ses concitoyens ce que Solon disait aux Athéniens, le remerciant de sa constitution : « Je n'ai pas fait la meilleure loi, mais celle que vous pouvez le mieux supporter. »

Il faut donc que pour réaliser tout le bien qu'on en attend, une constitution ait égard au caractère du peuple auquel on la destine.

Cela posé, interrogeons-nous sur ce que nous sommes en tant que peuple, et tâchons de répondre avec impartialité.

Le travail nous a procuré des richesses que nous avons naturellement appliquées à la satisfaction de nos besoins réels, puis les richesses s'accroissant, par une malheureuse déviation aux lois normales de la société, plutôt que d'en faire un usage toujours utile, nous les avons employées à contenter : nos insatiables besoins de fantaisie, de luxe, de caprice, ainsi que notre penchant à l'oisiveté, qui amollit les corps, et n'a plus de goût que pour la littérature frivole et malsaine qui déprime les esprits et flétrit les âmes.

Dans ces déplorables conditions, est-il raisonnable d'aspirer à la République, elle qui exige des corps robustes, des esprits énergiques, des âmes fières ? — Je ne le crois pas.

Cependant, sommes-nous tombés si bas que nous n'ayons plus qu'à ramper aux pieds d'un insolent César, qui, selon le cri des lâches Romains de la décadence, nous jetterait dédaigneusement en pâture : « du pain et des spectacles ? » — Je ne le crois pas davantage.

Que sommes-nous donc ?

RÉPONSE ET CONCLUSION.

Un peuple qui n'est ni assez fort, ni assez vertueux, ni assez grand pour la république ; ni assez faible, ni assez vicieux, ni assez dégradé pour le despotisme ; un peuple enfin qui par ses qualités et ses défauts occupe dans l'échelle politique une position moyenne.

Voilà la vérité sans dénigrement ni chauvinisme ; la vérité pure. Sachons l'entendre.

Si l'habit doit être fait pour l'homme, a bien plus forte raison le régime politique d'un peuple doit-il être approprié à son tempérament. Or, notre situation est intermédiaire, la logique veut donc que nous ayons un système mitoyen entre le gouvernement d'un seul et celui de tous, ce qui revient à une monarchie franchement et sincèrement constitutionnelle, comme en Angleterre, en Belgique, en Italie, où « le roi règne et ne gouverne pas. »

MODE D'APPLICATION.

Il n'appartient qu'au peuple régulièrement consulté dans ses comices de choisir entre la République ou la Monarchie.

Quelle que soit sa volonté, elle sera « écoutée, entendue, inviolablement respectée, » car ce sera la *vox populi*, ce qu'il y a de plus sacré après la *vox Dei*, et les Représentants, nommés ensuite de ce vote, auraient à élaborer une constitution républicaine ou monarchique, qui ne serait promulguée qu'après avoir été acceptée par le peuple.

Alors, mais seulement alors, on aborderait, s'il y a lieu, la question de personnes.

Nous avons en France trois prétendants :

Le comte de Chambord, personnification du droit divin, qui ramènerait la prépondérance de l'élément ecclésiastique ;

Le comte de Paris, personnification du droit humain, qui assurerait la prépondérance de l'élément civil ;

Le prince Impérial, personnification du césarisme, qui nous gratifierait de la prépondérance de l'élément militaire.

Nous le répétons : soumission pleine et entière à la volonté nationale librement exprimée, mais de toute la force d'une âme patriotique, nous la conjurons de ne changer le pays ni en couvent, ni en caserne, ni en arène des fureurs démagogiques. Puisse-t-elle être assez sage pour faire de notre France chérie un Etat dont les divers pouvoirs concourront harmonieusement, dans leurs sphères d'action et dans les limites du possible humain, au bien matériel, moral et intellectuel de chacun et de tous, but suprême de l'organisation gouvernementale.

FIN.